ALLIANCE

DE LA CENSURE ET DE L'INQUISITION,

ACTE PROUVÉ PAR LE FAIT.

(*FRANCE CHRÉTIENNE.*)

ALLIANCE

DE LA CENSURE

ET DE L'INQUISITION,

Acte prouvé par le fait.

*Lettre à M. le Docteur D***;*

PAR

E. L. B. DE LAMOTHE-LANGON.

PARIS,

AU BUREAU DE LA FRANCE CHRÉTIENNE,

RUE D'ARTOIS, N. 9,

ET CHEZ LES MARCHANDS DE NOUVEAUTÉS.

AOUT 1827.

Imp. de DAVID, boulevart Poissonnière, N° 6.

ALLIANCE

DE LA CENSURE

ET DE L'INQUISITION,

ACTE PROUVÉ PAR LE FAIT.

(Lettre à M. le Docteur D***)

Nous possédons, mon cher ami, la censure depuis le 24 juin dernier, et déjà l'arbre porte son fruit; à peine planté, ses rameaux nous étouffent, et la même semaine voit consommer l'iniquité de la spoliation de *la France Chrétienne* (1), ce franc, spirituel et courageux journal que vous lisiez avec tant de plaisir, et supprimer l'annonce d'un de mes ouvrages, moins destiné à divertir qu'à inspirer l'horreur du fanatisme et du pouvoir absolu.

---

(1) Ce Journal est le seul qui ait osé lutter directement avec la Censure. Il a, dans ce moment, soumis ses griefs à la Cour royale. On ne peut douter qu'il ne trouve dans la magistrature la justice que lui refuse l'administration, et ses feuilles, attendues par le public, ne tarderont pas à satisfaire son impatience et sa curiosité.

J'ai lu, dans l'*Itinéraire de Paris à Jérusalem*, ce me semble, qu'on rencontre, sur les bords de la mer Morte, un arbrisseau dont les fruits agréables d'aspect, ne sont que cendres et qu'amertume au goût : voilà notre censure ! En vain le *Moniteur* la pare, l'enjolive de douceurs et de mansuétude, non sans même lui donner un teinte de libéralisme ; ses efforts pour la déguiser sont inutiles, sa feinte beauté devient de près une laideur dégoûtante, et ne nous offre en résultat, qu'un poison absorbant. Elle laissera passer tout ce qui n'outragera pas la royauté, les mœurs, la religion. Elle ne se mêlera point de la littérature, nous crie chaque jour ce fallacieux *Moniteur*, qui, dès que des mains impériales ont pu le toucher, n'a contenu que des mensonges, et qui ment aujourd'hui à propos de censure, comme il ment depuis tant d'années à propos de gouvernement.

Non, mon ami, il n'y a, il n'y aura là, ni douceur, ni prudence, ni mesure, mais bien un système complet de méchanceté, de plate tyrannie, de bêtise enfin, confiée aux pairs de celle ci. On proscrira les noms autant que les choses. On approuvera dans un bonhomme de lettres ce que l'on rayera sortant de la plume d'un Montlosier, d'un Châteaubriand, d'un Benjamin Constant, d'un Kératry, d'un Pagès, d'un Jay, d'un Salvandy, etc. C'est à l'esprit, aux talens, au courage que l'on déclare la guerre ; et les censeurs, chargés de l'artillerie, tireront à mitraille, tant sur les généraux ennemis que sur les simples soldats ; sur moi, par exemple, moi qui, inconnu dans la république des lettres, ai pourtant mérité l'animadversion des censeurs. Quel est mon tort à leur égard ? je l'ignore. Serait-ce parce que je suis l'auteur de l'*Espion de Police* ? eh bien, que leur importe ! ai-je cité le nom véritable de quelqu'un de leur connaissance ? en est-il qui, comme Phèdre, ait le droit de me dire, avec une légère variante : *C'est toi qui m'as nommé*. Serait-ce parce que je n'ai prêté qu'un serment dans ma vie ? je sais que la chose est rare, et que tel censeur ou ayant cause en a peut-être prêté une douzaine. Voudraient-ils faire à mon égard comme feu Marchangy, qui, depuis 1815, ne pouvait supporter ma présence, parce que, le 21 mars, je l'avais vu monter au château des Tuileries, féliciter Napoléon *sur son heureux retour*, toucher la main de M. Pardessus et de tous les chansonniers dont la fidélité à la maison ne se démentaient pas ? Serait-ce, enfin, à cause du titre de mon ouvrage inédit, Histoire de l'Inquisition en France, et de la Croisade, dite des Albigeois, qui a précédé son rétablissement ? Oui, c'est là le vrai motif de leur colère ; c'est ce titre coupable qui les a décidés à se servir de leur male-ciseau. (Quand je dis male, qu'on fasse bien attention que l'accent circonflexe manque; il n'y a rien de mâle dans la censure, mais beaucoup de male-rage, de male-sottise, etc.)

Depuis vingt ans je ramassais des matériaux précieux sur un point des plus curieux, des plus intéressans de notre histoire moderne, et très-certainement sur l'un des moins connus. J'employais mes heures de loisir, lorsque je remplissais des fonctions administratives, à réunir des documens épars, à former les élémens d'un livre neuf, ce qui est bien un mérite par le temps qui court. M. Pain, qui a si rarement rencontré des pointes neuves dans ses piètres couplets, peut être interrogé là-dessus. Enfin, j'achève mon travail; je passe trois ans à le rédiger en corps complet; et lorsque mon œuvre est élaborée, j'offre ce manuscrit à un libraire qui l'achète. Le marché est rédigé, mais tous les journaux s'avisent de raconter coup sur coup une demi-douzaine de meurtres commis par des ecclésiastiques, et vite, vite il nous faut la censure; on la veut dans vingt-quatre heures, et on l'obtient. « C'est pourtant singulier, disait un personnage tout en en rédigeant l'ordonnance, je n'ai jamais pu obtenir que le bâillon vengeât ma grandeur si souvent insultée, et Montrouge en un clin-d'œil emporte la victoire! »

Si j'avais ajouté deux volumes à l'œuvre de l'ex avocat Gervaise, rimé dans le genre de Grécourt, ou augmenté le nombre des turpitudes de l'anthologie licencieuse; la censure se rappelant que les ouvrages originaux que je cite avaient tous été enfantés pendant l'époque des bonnes mœurs, du triomphe de la religion et de la morale publique, sous le règne de Louis XV enfin, aurait fermé les yeux sur mes élucubrations obscènes; et comme elle ne raiera rien des sottises licencieuses des Panard modernes, elle n'aurait eu garde de donner le fatal coup de ciseau à ce qui serait marqué au même coin. Mais, mon ami, ce ne sont point d'aimables gravelures, comme on les appelait à la cour d'autrefois, qu'il m'a pris fantaisie d'écrire; je me suis avisé de choisir un sujet grave, important, curieux, susceptible d'un haut intérêt, neuf enfin; et c'est le point sur lequel j'insiste le plus. Là, laissant éclater toute mon horreur du fanatisme, j'ai revélé ses atrocités, j'ai consigné des anecdotes, des traits affreux d'irréligion, d'avidité, de sacrilége et de barbarie. J'apprends à la plupart des Français qui l'ignorent, que l'effroyable tribunal de la foi, né parmi nous, s'y est perpétué pendant des siècles. Je le montre à son début, faisant brûler, en 1209, des milliers de victimes; et sa rage non encore épuisée, condamnant au milieu de nous, en 1611, un enfant de neuf ans au supplice du feu ; je signale à la royauté le danger des empiètemens du pouvoir ecclésiastique ; je montre des prélats, armés contre leurs princes légitimes, et les détrônant ; je les présente, leur correspondance à la main, demandant à grands cris, non dans l'effervescence des séances orageuses d'un corps réuni, mais dans le calme de leur oratoire, la destruction complète des cités les plus florissante du royaume, et, précurseurs des Fouché et des Carrier, vouloir faire de Toulouse et d'Avignon en 1213 et 1223, ce qu'en 1793, à notre exécration entière, on faisait de Lyon et de Nantes. Enfin, ce ne sont point par de vaines déclamations que je retrace ces époques de sang, mais avec les actes les plus respectables, avec des documens que ne récusera pas le clergé, puisque lui seul, et les procès-verbaux de l'inquisition me les ont fournis. Là, plein d'un profond respect pour ma religion, je dévoile les infamies commises par des misérables qui la profanèrent au lieu de la servir ; et, pour la première fois, on trouve réuni, dans un petit nombre de volumes, ce qui n'existe que perdu dans une multitude d'auteurs originaux qu'on ne lit plus, ou dans la poudre des manuscrits authentiques de l'époque : véritable travail de Bénedictin, j'oserai dire, et dont je laisse au public à juger de son importance et de son mérite lorsque je le lui présenterai.

La censure venait d'être établie, quand, le 2 juillet, je remis au bureau de rédaction du *Constitutionnel*, une note contenant simplement le titre de mon ouvrage, et la liste des principaux documens dont je me suis servi. M. Jay, journaliste aussi complaisant que littérateur habile, rédige une annonce conçue en ces termes

« M. de Lamothe-Langon va publier incessamment l'*Histoire de l'Inquisition en France, et de la Croisade dite des Albigeois, qui a précédé son établissement*. Cet ouvrage important manquait à la littérature; l'auteur ne prenant rien dans les écrivains modernes, a puisé uniquement aux sources; il les a trouvées dans les bulles, brefs, lettres des papes, canons des conciles, correspondance des évêques, chroniques des couvens, procès-verbaux originaux de l'inquisition, etc. »

Voilà tout; le même soir ceci est imprimé, porté au bureau de censure, et les censeurs en font justice d'un coup de ciseau. Je me figure l'indignation qui a dû saisir ces âmes pieuses à la vue d'un titre pareil : « Quoi! ont-elles dû s'écrier, est-ce au moment où les jésuites s'occupent du rétablissement du saint-office qu'on osera écrire contre ce vénérable tribunal? » La religion sincère de MM. Lourdoueix, Pain, Levacher, Genoude, etc., en a été singulièrement scandalisée; il leur faut l'inquisition pour soutenir la censure; et celle-ci, en fille soumise, a, dès son début, vivement combattu pour sa vieille mère.

Comprenez bien, mon ami, vous et toute la France, l'état de la question : on refuse de laisser annoncer un livre rempli de préceptes qui ne sont contraires ni à Dieu, ni au Roi, ni à la charte, ni à la morale, un livre qui traite d'un point d'histoire peu connu et séparé de nous par plusieurs siècles; ce n'est pas une brochure éphémère, un in-trente-deux malin, un pamphlet hostile; ce sont trois gros volumes de cinq cents pages chacun, où tous les faits sont appuyés sur des preuves patentes, où rien ne prête à la plaisanterie, et où je ne siffle pas les écrits de nos prétendus apôtres modernes, où je ne dévoile pas la turpitude de la vie privée des vils personnages qui osent nous prêcher la vertu, en vivant au milieu de la débauche et de l'adultère. Je suis inoffensif dans ces épais volumes autant qu'on peut l'être; j'y vis parmi les temps passés, étranger à tout ce qu'on fait de nos jours. Eh bien, n'importe! j'ai écrit sur l'inquisition, et Couvret de Beauregard aura dit, dès l'abord, tant sa perspicacité est grande, que je n'ai pas dû faire le panégyrique du benin tribunal, et sur le signe approbateur de Levacher, corroboré du branlement de tête de Lévêque, le sieur de Deliège, exécuteur des hautes œuvres du bureau de censure, aura donné le coup de ciseau.

Ainsi c'est donc pour l'inquisition que la censure combat dès son établissement. Le fait est incontestable. Je défie qu'on le nie, mais je ne doute pas qu'on ne le défende. En vérité, mon ami, que j'ai eu tort de perdre tant d'années sur un pareil sujet! Si j'avais mieux employé mon temps, soit en écrivant contre la charte, par exemple, soit en commentant *les rigueurs salutaires* de l'inspecteur Laurentie, *les immolations* de je ne sais plus qui, à propos de la Saint-Barthélemy de pieuse mémoire, *la férocité du peuple français* par le député Saint-Chamans; ou si, comme le congréganiste Madrolle, j'eusse déploré que, dans l'assassinat juridique d'Amiens, le jeune Labarre n'eût été qu'un exemple isolé, on n'aurait pas d'abord cisaillé mon annonce; qui sait même si on n'y eût pas ajouté quelques mots d'éloge, et si je ne serais pas devenu conseiller d'état, peut-être: car haïr la nation et la charte, chérir l'absolutisme et le pouvoir sacerdotal, font faire rapidement son chemin à tout ambitieux par le temps qui court et avec les hommes de l'époque Blessé par le ciseau malfaisant, mais non tué, car la censure ne tue que ceux qui l'exercent, je me suis mis à écrire au conseil de surveillance de la censure en la personne de son président; ma lettre, modérée dans ses expressions, renfermait ma réclamation contre l'acte inique des très religieux censeurs Quatre jours s'écoulent, et M. de Bonald ne me répond pas. Lundi, 9 du courant, je copie ma lettre en y mettant je ne sais trop pourquoi : *A MM. les membres du conseil de surveillance de la censure.* Ceci a été une bonne précaution comme vous le verrez plus bas, et je joins à ma réclamation le billet suivant :

« Monsieur le vicomte,

» Le 5 de ce mois, je vous ai envoyé la lettre » dont je joins ici le double : elle ne vous est point » parvenue, car vous ne m'avez pas répondu. » Votre urbanité et les fonctions nouvelles que » vous tenez à remplir avec impartialité me sont » les sûrs garans de l'empressement que vous » mettrez à placer ma réclamation sous les yeux » du haut conseil de censure, comme à m'appren» dre ce qu'il aura décidé.

» Ne voulant point que ce paquet s'égare, soit » dans les mains du facteur de la poste de votre » quartier, soit dans celles de mon domestique, » je le porterai moi-même chez vous et me ferai » donner un reçu par votre suisse (ce suisse, au reste, est une femme fort polie, et qui donne bonne idée des gens de la maison ; vous savez le proverbe, tel maître.......) J'ai l'honneur d'être. »

Pour cette fois M. de Bonald s'arrache à ses nombreux travaux, et cela avec une célérité dont je sens toute l'obligeance ; peut-être s'est-il alors souvenu qu'un jour où je montais l'escalier des Tuileries comme il le descendait, il me demanda par où il fallait passer pour aller rendre ses hommages *au roi de Rome;* je me détournai de mon chemin et je le mis sur la voie. J'aime que l'on conserve de la reconnaissance des petits services rendus. J'avais donc remis chez M. de Bonald mon paquet à midi et quart; le timbre de la poste fait foi qu'avant une heure sa lettre était déjà jetée dans la boîte; je la reçus avant trois heures du soir; la voici. Le public est avide de tout ce qui sort de la plume de ce profond, lucide et élégant écrivain :

9 juillet.

« *Je ne pouvais*, monsieur, *vous répondre qu'en* » *conseil; hors du conseil je n'ai aucune fonction*, et » le *conseil* qui ne se réunit qu'une fois par se- » maine ne s'est pas assemblé depuis jeudi 5 de » ce mois, jour de la date de votre première lettre.

» Vous avez réfléchi vous-même que le *conseil* » seul avait qualité pour vous répondre, puisque » votre seconde lettre est adressée sous mon cou- » vert au *conseil* de surveillance.

» Agréez, monsieur, etc.

» Le vicomte DE BONALD. »

Il me semble, d'après la dernière phrase, que si j'avais négligé de placer en tête de ma lettre, *aux membres du conseil de surveillance de la censure*,

M. de Bonald, *qui ne peut me répondre qu'en conseil* et *qui hors du conseil n'a aucune fonction*, ne m'aurait pas répondu ; n'aurait soufflé mot de mon affaire au *conseil*, attendu que ma première lettre était seulement adressée au particulier, au gentilhomme, au pair, et point au *conseil* de surveillance, et par là ma réclamation aurait été simplement écartée, et le silence du *conseil* eût corroboré la cisaillerie de l'annonce. Il me semble toutefois qu'une missive portant sur la suscription *à M. le vicomte de Bonald, pair de France et président du conseil de surveillance de la censure*, devait être présentée à celui-ci, puisqu'elle renfermait une réclamation de sa compétence ; je me trompe peut-être, car n'ayant pas été élevé par les jésuites, je ne connais pas toute la puissance de l'équivoque.

Me voilà donc remis à jeudi 12 de ce mois, non que M. de Bonald me le dise, mais le sens commun me le fait présumer ; alors relisant avec attention le nom des membres du haut conseil de surveillance, je cherche à qui je m'adresserai pour prendre là ma défense. Je n'ai garde de choisir M. de Broé, sachant par ma propre expérience qu'il ne répond pas aux lettres d'affaires qu'on lui écrit, ni ne donne dans des cas importans les audiences qu'on lui demande, tant est grand son dédain de ces formes bienveillantes innées autrefois dans les gens de bonne compagnie (1). Parmi tous ces noms, celui de M. Ollivier me frappe ; ancien négociant, homme estimé dans Paris, il doit être au conseil le protecteur des opprimés, je me hâte de lui écrire.

Paris, 10 juillet 1827.

« Monsieur,

» Vous êtes député du département de la Seine et par conséquent de la ville de Paris à la chambre législative ; vous aviez été nommé membre du conseil de surveillance de la censure ; à ces deux titres je m'adresse à vous pour obtenir du bureau de censure l'insertion de l'annonce suivante (*voyez page* 11 *ligne* 8 *et suivantes.*)

» Elle avait été placée par le rédacteur du *Constitutionnel* dans la feuille du 3 juillet ; les censeurs l'ont rayée ; oui, monsieur, ils ont donné cette preuve éclatante du complot qu'ils forment pour le rétablissement de l'inquisition en France ; ils vous compromettent en vous associant indirectement à cet acte inconcevable de stupide fa-

(1) Il paraît que, dans la cour royale, on a témoigné si vivement à M. de Broë la peine qu'on aurait à le voir mêlé aux affaires de la censure, qu'il s'est décidé à donner sa démission. M. Ollivier, conseiller à la cour de cassation, nommé à sa place, n'a pas voulu accepter non plus. Il ne faut pas confondre le magistrat avec son homonyme, membre de la chambre des députés, et qui persiste à faire partie du conseil de surveillance de la censure.

natisme contre lequel je vais protester à la face de la nation, si justice ne m'est pas rendue.

» Avant de recourir à vous, j'ai écrit officiellement à votre conseil par la voie de son président, et le vicomte de Bonald, par sa lettre d'hier, me laisse deviner que l'on décidera sur ma réclamation dans la séance de jeudi prochain. J'ose vous prier, monsieur, de m'appuyer dans cette circonstance, car je ne doute pas que vous, notre député, ne protestiez contre une décision qui serait plus contraire à la tranquillité publique qu'à moi, puisqu'elle inspirerait la crainte de voir protéger le plus odieux tribunal. Vous ne voudrez pas être soupçonné par vos concitoyens (justement alarmés de l'alliance de l'inquisition et de la censure) de collusion avec le saint-office.

» Je ne vous connais pas personnellement, mais le bruit public me porte à estimer votre caractère, et ma démarche à votre égard est la preuve de la confiance que vous m'avez inspirée.

» Je suis, Monsieur, etc. »

Ma missive ne renfermant ni lettre de change, ni billet à ordre, M. Ollivier a négligé d'y faire réponse. J'attendais avec une légitime impatience le jeudi qui devait redresser les torts du bureau de censure; je me redisais : On nous a promis, on nous promet chaque jour une censure paternelle et bienveillante. Les membres du conseil de surveillance ne voudront pas marcher du même pied que leurs subordonnés; ceux-ci mordent qu'importe, c'est le propre des petites gens et des petits esprits; mais Dieu me garde de croire que des pairs, des députés, des conseillers d'état, fassent cause commune avec la troupe Lourdoueix; ils auront du bon sens (chose que l'on suppose toujours trop témérairement à ceux qu'on ne connaît pas), et une bonne décision me vengera de la morsure de la bande malveillante. Le jeudi 12 arrive, j'espérais encore; un silence profond couvre cependant pour moi ce qu'a résolu le conseil; le vendredi, je ne suis pas plus instruit; enfin, le samedi matin, j'écris sur nouveaux frais à M. de Bonald, dont l'usage, à ce qu'il paraît, est de ne répondre qu'en conséquence d'instances réitérées, et pour cette fois un messager propre à l'autorité est venu m'apporter la réponse officielle du conseil. Enfin je tiens le paquet ministériel, gros, long et large; on n'y a pas plaint le papier; rien ne coûte à qui ne paie pas de ses propres deniers, et qui, en vertu d'un *bon*, prend au trésor de l'état toutes les sommes qu'il veut, sachant bien qu'un immense budget couvrira toutes ses prodigalités.

Or, mon ami, voici la teneur de cette lettre :

Paris, 14 juillet 1824.

« Monsieur, le conseil de surveillance de la censure, qui a pris connaissance de la lettre que vous lui aviez adressée en date du 5 du présent mois, par laquelle vous réclamiez contre le jugement du bureau de censure qui supprime l'annonce dans les journaux d'un ouvrage intitulé : *Histoire de l'Inquisition en France et de la croisade contre les Albigeois*, etc.,

» Arrête à l'unanimité que le jugement du bureau de censure est maintenu, et charge son président de vous le communiquer.

» Recevez, monsieur, l'assurance, etc.

» *Signé* Le vicomte DE BONALD. »

Vous le voyez, le conseil de surveillance maintient à l'*unanimité* le jugement du bureau de censure; c'est donc à l'UNANIMITÉ (1) que les sieurs vicomte de Bonald, marquis d'Herbouville, comte de Breteuil, tous trois pairs de France, de Frenilly, Ollivier, Maquillé, députés, de Guilhermy, de Blaire, conseillers d'état (car M. Ollivier,

---

(1) L'unanimité est, à ce qu'il paraît, le mot de convention du conseil de surveillance de la censure ; il y a eu unanimité pour repousser le duc de Choiseul, unanimité pour dépouiller les actionnaires de la *France Chrétienne* de leurs droits, unanimité en faveur de l'inquisition. Touchant accord, combien il est vénérable !

membre de la cour de cassation, a refusé de prendre place parmi eux), ont déclaré que l'inquisition, d'abord soutenue par les Lourdoueix, les Deliége, les Levacher, les Pain, les Sillan, les Lévêque, les Couvret de Beauregard (M. Fouquet persistant à ne point assister aux séances), sera protégée en France, et qu'il veilleront à ce qu'on ne la décrédite point en attendant qu'elle reprenne sa puissance : voilà donc le saint-office, protégé par un conseil nouvellement créé ; on ne pourra rien dire contre lui, pas plus qu'il ne sera bientôt permis de médire de frère Jacques Clément et de feu François Ravaillac.

L'indignation ici n'échappe-t-elle pas, et devrait-on s'attendre que ce qui est en horreur aux hommes, et à toutes les nations civilisées, ce que les Napolitains n'ont pas voulu accepter, ce que l'on n'ose pas rétablir en Espagne même, l'inquisition enfin, serait soutenue en France, et qu'après la troupe Lourdoueix, le conseil de surveillance ne balancerait pas à étendre sur le monstre son manteau bienveillant. Vous voulez donc l'inquisition, puisque vous interdisez d'annoncer son histoire? Ecoutez tous, Français, écoutez cette décision menaçante du conseil de surveillance : *Le jugement* (1) du bureau de censure est

(1) Un coup de ciseau en haut de la feuille d'épreuve,

maintenu, et il sera interdit de raconter en France les forfaits du tribunal de la Foi. Protestans, Luthériens et Calvinistes, pensez-y bien; réfléchissez-y aussi, vous qui faites gras en carême, qui vivez en paix avec votre famille, vos amis, mais mal avec le bedeau de votre paroisse : on repousse aujourd'hui tout ce qui attaquera le *saint-office*, demain on punira ses ennemis, et après demain, peut-etre, si la sagesse royale ne se hâte d'y mettre ordre, il sera le seul maître en France, et roi et citoyens nous serons sous le joug..... Je m'arrête; j'en ai assez dit pour qui voudra m'entendre.

Dès après avoir reçu cette lettre inconcevable, je me suis empressé de protester contre un jugement pareil, et j'ai écrit à M. de Bonald en ces termes :

Paris, 13 juillet 1827.

« Le masque est donc jeté, M. le vicomte, et ce n'est plus dans les ténèbres que marchera dorénavant, et pour arriver à son but, le parti qui aspire

---

un en bas, un à droite, un à gauche, voilà les considérans et le dispositif de tout jugement de censure. Il ne faut pas une grande érudition pour le rendre; aussi je ne présume pas que l'on se soit informé des solliciteurs (car il y a des gens qui sollicitent jusqu'aux charges de la censure) quelle était leur instruction; il n'est pas besoin pour les remplir de savoir lire et écrire, ce sont de véritables fonctions du bon temps féodal.

à la ruine de la France ; l'heure de sa dissimulation est passée, il nous apparaît dans toute sa laideur, éclairé par les lueurs sanglantes du bûcher inquisitorial ; ainsi, l'on nous traîne avec violence vers le treizième siècle, et il se trouve dans le royaume un corps qui veillera désormais aux intérêts du saint-office, et qui sans doute prend déjà des notes pour lui désigner ceux qu'il se flatte d'atteindre un jour.

» Où nous conduit-on ? espère-t-on que cette conspiration nouvelle contre la vraie religion de J. C., contre l'autorité royale et le repos de la nation, triomphera de la résistance unanime ? Oh ! comme mon cœur est contristé de cet excès de délire, de cette folie, à laquelle je ne puis donner un autre nom !

» Ainsi donc, M. le vicomte, le conseil de surveillance de la censure maintient le *jugement* du bureau; le jugement ! ! ! sentez-vous la force de ce mot ? Quoi ! les Lourdoueix, les Dehége, les Pain, les Levacher, sont-ils devenus des juges ? Où ont-ils pris leur grade, nous montreront-ils leurs diplomes, quelle loi de l'État a institué leur réunion en tribunal, en cour ? un bureau peut-il rendre des jugemens ? Refléchissez y bien, et vous conviendrez, que s'il le faisait, la véritable justice, celle que saint Louis présidait à Vincennes, pourrait prendre la chose du mauvais côté, et rendre contre ces gens-là un *jugement* autrement respecté et autrement respectable. Les censeurs, des magistrats! *Bone Deus*, où sommes-nous, que nous faut-il voir, que nous fait-on entendre? Ce bureau a des ciseaux et non point des balances, et je vous défie de me montrer, dans l'acte qui l'institue, un mot qui l'autorise à rendre des jugemens. Dès son début, usurperait-il comme il spolie: ce serait par trop fort; heureusement qu'on ne le souffrira pas.

« Le conseil...... *vu* le jugement du bureau de » censure qui supprime l'annonce dans les jour- » naux d'un ouvrage intitulé *Histoire de l'inqui-* » *sition en France et de la croisade contre les* » *Albigeois*, arrête à l'unanimité que le jugement » du bureau de censure est maintenu. »

» Ainsi, dès la naissance de la censure, l'inquisition est protégée ouvertement, le premier acte de la censure est de prendre la tutelle officieuse du *tribunal de la foi*. Nous devons tous par là être bien avertis que cet odieux établissement trouvera parmi nous sûreté et protection, et que les murs de fer, les dégoûts, les obstacles, seront opposés à ceux qui défendront contre lui les droits des monarques et des peuples. Voilà ce que nous déclare à *l'unanimité* le conseil de censure. Ce qu'on n'eût pas osé faire depuis le XVIe siècle jusqu'au commencement du XIXe on ne craint plus maintenant de le tenter.

» Mais si, poussant jusque-là un absurde fanatisme, on ne recule pas à l'idée d'épouvanter le royaume en lui laissant voir son avenir, il sera également des âmes fortes et franchement dévouées à la monarchie et à la charte, qui ne reculeront pas non plus devant le monstre que la censure caresse; qui croiront de leur devoir de chrétien, de sujet fidèle et de citoyen, de descendre à la face de l'Europe dans la lice que leurs adversaires ont ouverte avec tant d'audace, et qui jusqu'au dernier moment combattront pour les droits sacrés de Dieu, du roi et du peuple, pour la tolérance, l'humanité, et cette charité évangélique que le parti jésuitique recommande, et dont il méprise les lois; car ses paroles sont semblables en tout, comme le dit saint Paul, *à un airain sonnant, à une cymbale retentissante.* Nous serons fiers de nous compter dans leur nombre, nous qui, purs de toute la révolution, et qui en détestant ses excès, en avons été la victime; nous, dont le père est mort sur le même échafaud que Louis XVI, et dont la vie sans tache n'est point en désaccord avec les paroles; nous qui sans fortune ne consentirions pas à en obtenir par des bassesses, et qui ne nous vendrions jamais comme tant d'autres, à tous ceux qui voudraient nous acheter.

» C'est avec une douleur profonde que je vous vois, M. le vicomte, associé avec ces ennemis de la presse, que vous avez défendue avec tant de chaleur lorsque l'on vous opprimait par sa suspension. Je déplore votre alliance avec les vrais adversaires du prince et de mon pays, avec cet ultramontanisme qui menace la sûreté du trône, la vie du monarque et l'indépendance des citoyens; car c'est là où tendent ses maximes, que votre cœur, bien intentionné sans doute, ne comprend pas : votre erreur me touche et me peine. Ce n'est pas sans quelque chagrin aussi, que j'entre dans la carrière de la polémique; vous serez, vous, et non moi, coupable de l'effet que produira la certitude que le conseil de surveillance de la censure soutient l'inquisition. Mais le courage moral ne doit point faiblir devant de telles considérations: soldat du roi, de la France, de la religion, de la tolérance et de la liberté, je resterai à mon poste, et si je suis vaincu lorsque je combattrai sous la plus noble, sous la plus sainte des bannières, je pourrai dire peut-être avec autant de droit que François Ier : J'ai tout perdu fors l'honneur. Trois cents Lacédémoniens périrent, il est vrai, aux Thermopyles, mais leur résistance sauva la Grèce. Une telle récompense est assez belle pour qu'on ne soit pas effrayé de leur sort, lorsque comme eux on se dévoue pour le salut de la patrie.

» Je suis, avec les sentimens que je vous dois, etc. »

Je sais bien que mon écrit est jeté au vent, que je ne gagnerai rien sur des gens qui veulent plus encore; que leur parti est pris, qu'ils ne voudront pas reconnaître que, si la censure peut supprimer une nouvelle politique, le compte rendu d'un ouvrage, un article de morale ou littéraire, couper à coups de ciseaux Fénélon, Massillon, par exemple, elle n'a point le droit d'exercer aucun acte sur une simple annonce, véritable fait de commerce, et par lequel un négociant apprend au public qu'il a dans son magasin telle marchandise. L'annonce d'un livre est comme celle d'un meuble, d'un rouleau de toile, elle ne rentre point dans les domaines de la censure, et si les tribunaux étaient saisis d'une contestation à ce sujet, ils donneraient gain de cause au libraire qui se plaindrait des entraves que l'on met à la liberté de ses spéculations.

Tels sont, mon ami, les premiers rétultats de la censure; pouvait-il en être autrement, lorsqu'on voit dans quelles mains elle est tombée? On nous a dit que la licence était au comble, la religion avilie, la majesté du trône compromise, le repos de l'état ébranlé, et la paix des familles interrompue. Certes ce sont là des cas graves et des malheurs auxquels il faut remédier, quand tous les intérêts sacrés aux hommes sont menacés; je conviens qu'à de si grand maux, il faut de grands remèdes, et que le péril imminent et universel qui peut renverser toutes nos institutions, réclame des mesures promptes, vigoureuses, et si bien appliquées, que leur efficacité soit complète. Sans doute qu'en nous inspirant tant de terreur on ne veut pas se jouer de nous. On nous a dit vrai, l'anarchie est à nos portes, et on en va voir la preuve dans le choix que l'on a fait des hommes appelés à nous secourir. Là seront réunis en un faisceau respectable tout ce qu'il y a de grand et d'illustre parmi l'élite de la nation; nous verrons s'asseoir à ce double tribunal, les Quelen, les Cheverrus, les Dubourg, les Fournier, les Séguier, les Desèze, les Portalis, les Henrion de Pensey, les Carnot, les Vatimesnil, les Freteau de Pény, les Barbé-Marbois, les Cottu, les Montmerqué, les Lecourbe, les Châteaubriand, les Broglie, les Chaptal, les Choiseul, les Daru, les Gouvion-Saint-Cyr, les Dessoles, les Lainé, les Doudeauville, les Pontécoulant, les Destutt de Tracy, les Praslin, les Reggio, les Ségur, les Agier, les Benjamin Constant, les Bertin Devaux, les Delalot, les Dupont de l'Eure, les Hyde de Neuville, les Beaumont, les Leyval, les Gautier, les Royer-Colard, les Ville-Lévêque, les Thiars, et enfin tous ceux qui, par de grands talens et de hautes vertus, ont conquis l'estime de leurs concitoyens; il n'en est pas un d'entre eux qui, au jour des périls nationaux, n'acceptât le poste qu'on lui donnerait dans l'intérêt de la cause commune. Je le répète, la grandeur du danger demande la dictature de tels hommes; mais non, aucun de ces hommes n'est appelé. Là où un Cheverrus suffirait à peine, voyez s'asseoir le Lourdoueix; Pain, prendre la place de Châteaubriand, Levacher se carrer à celle de Séguier, Couvret de Beauregard occuper celle de Doudeauville, ainsi du reste; oh! pour le coup, le ridicule du choix, après le sinistre qu'on nous avait présenté, a fait tomber le vain échafaudage dont on avait environné de petites haines, de petites prétentions, de petits trafics, et quand on a vu que la conservation des intérêts de l'autel, du trône, du peuple et des familles étaient confiés à Lourdoueix, à Levacher, à Pain, à Deliège, à Genoude même, chacun, tout en se rassurant, n'a pu s'empêcher de rire et de lever les épaules, et nous nous sommes dit réciproquement: Le danger n'était pas très-considérable, puisqu'il a suffi de pareilles gens pour nous en garantir; en effet, en face d'un ennemi redoutable, que le royaume serait bien en sûreté, si pour toute dépense il avait la troupe du bureau de censure, y joignît-on le bataillon du conseil de surveillance.

On n'a pas songé à cela lorsqu'on nous les a donnés pour régulateurs de l'opinion publique ; qui respectera par exemple les jugemens du sieur P..., quelle garantie nous offre-t-il ? Perdu dans la foule, et d'autant plus oublié qu'il a cherché souvent à faire parler de lui, ses intentions, fussent-elles d'ailleurs bonnes, il ne peut être d'aucune utilité à la religion et à la monarchie, et je suis persuadé qu'il a trouvé très-bouffonne l'idée de le mettre à la tête de l'action du gouvernement. Il y a vingt ans, j'étais bien jeune alors, j'allais dîner dans une pension où le sieur Joseph P... nous assommait chaque jour d'une chanson impériale (Napoléon régnait, cela va s'en dire; ce n'était plus les couplets de la Pique que le chanteur fredonnait) : mon goût se formait; et moi qui avais le bonheur de vivre dans l'intimité de Boufflers et de Laujon, je bâillais aux rimes du sieur P..., quoique par politesse je détournasse la tête. Il le vit pourtant, et un beau soir, en quittant la table, il me prit à part, et du ton le plus pathétique, me demanda pourquoi je ne l'aimais point, et quelle haine je portais à ses chansons. J'ai oublié ma réponse, tout ce dont je me ressouviens, c'est que je préférai perdre seize cachets que j'avais encore, plutôt que de m'exposer à ce supplice quotidien, et que ce sacrifice fut trouvé par moi bien léger, en comparaison des ponts-neufs somnifères qu'il me fallait entendre, et que la cruelle politesse exigeait qu'on applaudît.

J'ai là, peut-être, découvert une des causes qui ont fait rejeter l'annonce de mon *Histoire de l'Inquisition en France;* le sieur Joseph Pain m'aura gardé une rancune de vingt années; c'est l'Atrée de la censure, et sa vengeance contenue m'a foudroyé. N'ai-je pas encore écrit quelque part et en note, d'un ouvrage au sujet de *la Loi de justice et d'amour :* « Les auteurs à la pension con-» naissent M. Lourdoueix; peut-être il n'en est pas » de même du reste de la nation. C'est lui qui paie » les odes, les épîtres et les poëmes commandés. »

Il se pourrait bien que grand ait été le courroux de cet homme, lorsque j'ai paru douter que la nation le connût. Au reste, depuis le 24 juin dernier, sa *famosité* est devenue si européenne, que je supprimerais ma note si j'avais à m'en occuper (1). Il y a pareillement, dans le même ouvrage, un vers dans lequel j'ai dit :

Verrons-nous des Bonald triompher le système?

---

(1) Le sieur Lourdoueix est l'immortel auteur, et j'ai eu le tort de ne pas le savoir, des caricatures de *Monsieur de la*

et ce malheureux vers aujourd'hui me rappelle celui si fameux :

Tant de fiel entre-t-il dans l'âme des dévots!

Oui, il a dû y en entrer, j'en ai la certitude, enfin; n'aurai-je aucun crime à me reprocher vis-à-vis du sieur Levacher? Non, je n'ai jamais eu affaire à lui, ni de près ni de loin; jailli pour moi du néant, par l'ordonnance qui le nomme membre du bureau de censure, il ne m'a point paru la lumière dans cette malencontreuse création. Quant au reste des censeurs, je ne les connais pas davantage. Je me plais même à croire qu'ils sont des hommes de bien, poussés là par l'irrésistible nécessité, agissant peut-être en dépit d'eux-mêmes, et prenant une livrée qu'ils ne portent qu'en maugréant.

C'est là un des plus grands malheurs de notre époque; il n'y a de la fortune à acquérir qu'en renonçant à ses opinions pour en prendre de factices, qu'on a l'air de chérir et que l'on déteste et méprise en secret. Mon ami, ce qui me révolte le plus dans ce monde, c'est l'hypocrisie,

---

Jobardière, qui frappaient de ridicule ces gentilshommes de province accourus, en 1814, pour demander du pain à la maison royale pour laquelle ils avaient combattu.

et pourtant quel vice fut davantage à l'ordre du jour? on ne trouve partout que des hypocrites, et ceux qui prétendent ne point l'être, qui peut-être ne le sont pas au fond, ne se rendent pas moins coupables en employant sciemment ces misérables. N'est-il pas odieux de voir dans le monde des gens prêcher les vertus et se traîner dans les plus honteuses débauches; de voir la religion employer pour se défendre des hommes qui vivent de manière à prouver qu'ils ne sont nullement pénétrés de ses saintes maximes, et qui devant elle se livrent aux excès les plus scandaleux?

Je ne vois à cette heure que des personnages mauvais époux, mauvais pères, qui trompent leurs amis, qui, fourbes en affaires, prennent un argent concussionnaire de toutes mains, et qui ne bougent néanmoins de Saint Sulpice ou de Saint-Roch. Là, prosternés humblement auprès du sanctuaire, ils édifient les dupes, tandis que moi qui passe, je connais leurs turpitudes et ris de cette forfanterie. Il n'y a plus sur ce point de bonne foi; car depuis que le jésuitisme a tout envahi, le jésuitisme ne demande què des apparences; et, comme il se contente d'un extérieur brut, on lui vend tout juste ce qu'il désire, et on garde le fond de dissolution et de fourberie qui lui importe fort peu aussi. Chacun se mêle de le tromper, et à ce sujet, voici une anecdote récente que je vais vous conter; elle vous prouvera comme, dans les plus petites choses, ceux qui nous gouvernent sont joués par ce fanatisme d'emprunt.

Un jeune homme de votre ville, nommé procureur du Roi, était dernièrement chez un député; là il étalait son amour du jésuitisme, sa haine contre les idées libérales et le désir qu'il avait de voir les Grecs succomber dans la révolte tentée contre *leur souverain légitime;* vous eussiez frémi comme moi de la véhémence et de la furibonderie de ses opinions à ce sujet. Le lendemain je vais chez M. M..., et comme il connaît le personnage, je lui raconte la scène de la veille. « Quoi! me répond-il, B... a dit cela hier au soir? — Oui certainement, je l'ai entendu de mes oreilles. — Eh bien, sa conversion datait de midi seulement, car ce même jour, à onze heures, il était avec moi et me tenait un langage tout opposé, s'indignant de la protection que l'on accordait aux jésuites, ne parlant qu'avec enthousiasme de la liberté de la presse et de toutes nos autres libertés, et formant des vœux sincères pour la délivrance des Hellènes. »

Que vous en semble, mon ami? ne voilà t il pas un converti bien franc, bien sincère, et sur lequel les siens du moment doivent faire un grand fond? Ils sont tous les mêmes. La fausseté, la fourberie, sont inséparables de l'esprit jésuitique; le mensonge s'est réfugié dans les bouches; et si on creuse dans les cœurs, on y trouve en outre une avidité incroyable. J'aurais beaucoup à vous dire sur ce sujet, j'aime mieux me renfermer dans le mien, dont cette épisode m'a trop écarté.

N'est-il pas vrai que vous ne doutez plus maintenant de l'alliance de la censure avec l'inquisition? La chose est d'autant plus patente, que le choix seul de M. de Bonald, pour présider la première, nous donne la mesure de tout ce que nous avons à redouter. Vous n'avez pas oublié sans doute que cet écrivain, dans un de ses ouvrages, a prétendu que Dieu était essentiellement intolérant, et vous vous souvenez comme moi du cri d'indignation qui répondit à cette assertion étrange. Or, soutenir l'intolérance de la Divinité amène par une pente naturelle à persécuter en son nom; d'ailleurs on tient de M. L. C. jeune, que dans un dîner, à l'époque de la discussion de la loi du sacrilège, M. de Bonald pérora pendant une heure pour convaincre l'assemblée de la nécessité qu'il y avait de percer avec un fer chaud la langue des blasphémateurs. Enfin dans la discussion à la chambre des pairs de cette triste loi, n'a-t-il pas dit que faire mourir les sacriléges n'était que les renvoyer plus tôt devant leur juge naturel !!! Ces idées douces et philantropiques font frémir; joignez-y la loi prochaine que l'on prépare contre la liberté de la presse, loi auprès de laquelle celle de *justice et d'amour* n'était qu'un jeu d'enfant, et que M. de Bonald, rempli d'enthousiasme et d'ardeur pour elle, a déjà l'obligeance de discuter avec ceux qui viennent le voir, et vous aurez la certitude de l'avenir qu'on nous destine; vous serez convaincu comme moi qu'on veut nous bâillonner complètement d'abord, afin de nous *ardei* plus à l'aise ensuite. Rappelez-vous la persécution dirigée contre le vénérable Espagnol Llorente, parce qu'il avait dévoilé toutes les turpitudes de l'inquisition espagnole, rapprochez-les de la défense faite à mon égard au sujet de l'*Histoire de l'inquisition en France*, et il vous sera impossible de conclure autrement qu'en disant : La censure est alliée au saint-office, et c'est le saint-office qu'on nous garde pour bouquet. Vous avez vu avec quelle vivacité on a brisé, dans Paris, la garde nationale; la France a tout à craindre de ses ennemis; ils ne sont pas nombreux, mais ils sont infatigables; ils s'avancent maintenant à pas de géant; foudroyés un instant par les défenseurs des libertés publiques, il se sont relevés plus furieux que jamais; appuyés sur tous les vices, parlant au nom des vertus, ils ne trompent que quatre ou cinq personnes au plus, et pourtant c'en est assez pour que nous soyions en alarmes et pour que nous nous tenions prêts à soutenir avec vigueur le dernier choc qu'il nous porteront.

Adieu, mon ami, nos destinées ne me semblent pas brillantes. Je vous écrirai dorénavant tant que nous serons sur le bord de l'abîme; je vous raconterai tout ce qui se passera de curieux et de piquant; je suis bien instruit et je vous dévoilerai de singulières intrigues. Savez-vous par exemple de quelle manière on solde le dévouement des censeurs? Non, me direz-vous. Eh bien voici le budget de cette partie du service. Il sera intéressant de voir si on le fera figurer dans le général que nous acquittons avec tant d'allégresse et de facilité.

A M. de Bonald, comme président du conseil de surveillance.	24,000 fr.
A M. d'Herbouville, comme vice-président.	20,000
A chacun des autres membres du conseil.	16,000
A Benaben, chargé d'un bureau de police auprès du conseil de surveillance et de ce que l'on appelle le secrétariat.	16,000

A chaque membre du bureau de censure. 6,000

De plus, on confie au sieur Lourdoueix environ 143,000

Pour être employés à l'avantage de la censure ; ce qui fait, en additionnant et sans y comprendre le traitement des Genoude, Lourdoueix, Deliége et autres, la somme modique de 351,000 fr. qu'il en coûte à la nation sans qu'elle s'intéresse aucunement à cette dépense. Je sais qu'on ne manquera pas de nier ceci, mais tenez-le pour vrai. Il y a des faux frères même en ce qui touche la censure, et la source où j'ai puisé ces renseignemens est bonne, je vous en réponds.

Adieu encore une fois; aimons-nous, sifflez la censure et craignez l'inquisition.

FIN.